Hessisches Bestattungsgesetz

Friedhofs- und Bestattungsgesetz des Bundeslandes Hessen

Sebastian Andreas Götz

Hessisches Bestattungsgesetz

Aktuelle Fassung vom 23. August 2018

Bibliografische Information der Deutschen Nationalbibliothek:
Die Deutsche Nationalbibliothek verzeichnet diese Publikation
in der Deutschen Nationalbibliografie; detaillierte bibliografische Daten sind im Internet über http://dnb.dnb.de abrufbar.

Herstellung und Verlag: BoD – Books on Demand, Norderstedt

ISBN: 978-3-7504-95166

Inhaltsverzeichnis

2

Erster Abschnitt |
Friedhöfe und Feuerbestattungsanlagen

§1 Friedhofszweck

Friedhöfe dienen der Bestattung und der Pflege der Gräber im Andenken an die Verstorbenen.

§2 Friedhöfe der Gemeinden

(1) Das Friedhofswesen obliegt den Gemeinden als Selbstverwaltungsangelegenheit. Zur Erfüllung ihrer Aufgaben können sie sich Dritter bedienen.

(2) Die Gemeinden sind verpflichtet, Friedhöfe anzulegen, zu unterhalten und zu erweitern, wenn hierfür ein öffentliches Bedürfnis besteht. § 121 Abs. 1 der Hessischen Gemeindeordnung bleibt hinsichtlich Leistungen, die auch von privatwirtschaftlich tätigen Unternehmen erbracht werden können, unberührt.

(3) Sie regeln die Benutzung der Friedhöfe nach Maßgabe dieses Gesetzes durch Satzung (Friedhofsordnung). Es sollen von Gestaltungsvorschriften ausgenommene Friedhofteile geschaffen werden.

(4) Auf den Friedhöfen ist die Bestattung der Einwohnerinnen und Einwohner sowie der Personen zu gestatten, die innerhalb der Gemeinde verstorben sind. Dies gilt auch für frühere Einwohnerinnen und Einwohner, die zuletzt in einem Pflegeheim oder einer ähnlichen Einrichtung außerhalb der Gemeinde gelebt haben.

(5) Sind innerhalb des Gemeindegebiets nur Friedhöfe von Kirchen, Religions- oder Weltanschauungsgemeinschaften vorhanden und entspricht die Bestattung auf einem solchen Friedhof nicht dem Willen der verstorbenen Person oder ihrer Angehörigen, so ist die Bestattung auf dem Friedhof einer benachbarten Gemeinde zu gestatten.

(6) Den Kirchen, Religions- und Weltanschauungsgemeinschaften steht es frei, im Rahmen dieses Gesetzes bei Bestattungen und Totengedenkfeiern entsprechend ihren Ordnungen und Bräuchen zu verfahren.

§3 Friedhöfe der Kirchen, Religions- und Weltanschauungsgemeinschaften

(1) Kirchen, Religions- und Weltanschauungsgemeinschaften, die Körperschaften des öffentlichen Rechts sind, können zur Bestattung ihrer Mitglieder und deren Angehörigen Friedhöfe in eigener Verwaltung anlegen, unterhalten und erweitern.

(2) Wenn ein anderer zur Bestattung geeigneter Friedhof innerhalb des Gemeindegebiets nicht vorhanden ist, ist auf diesen Friedhöfen auch die Bestattung Verstorbener zu gestatten, die keiner oder einer anderen Kirche, Religions- oder Weltanschauungsgemeinschaft angehört haben.

(3) Bestattungs- und Totengedenkfeiern sowie die Grabmalgestaltung dürfen das religiöse oder weltanschauliche Empfinden des Friedhofsträgers nicht verletzen.

§4 Friedhofszwang

(1) Verstorbene sind auf öffentlichen Friedhöfen zu bestatten.

(2) Die Bestattung außerhalb öffentlicher Friedhöfe kann nur erlaubt werden, wenn dies mit Rücksicht auf besondere persönliche oder örtliche Verhältnisse gerechtfertigt erscheint, das vorgesehene Grundstück zur Bestattung geeignet und die ordnungsmäßige Grabpflege mindestens für die Dauer der Ruhefrist (§ 6 Abs. 2) gesichert ist. Die Erlaubnis kann mit Auflagen verbunden werden. Erlaubnisbehörde ist das Regierungspräsidium Kassel.

§5 Anlegen und Erweitern von Friedhöfen

(1) Friedhöfe dürfen neu angelegt oder erweitert werden, wenn

1. der Friedhofszweck (§ 1) gewahrt ist,

2. Erfordernisse der Landesplanung und des Städtebaus nicht entgegenstehen und

3. außer bei nur geringfügigen Erweiterungen die Friedhofsfläche durch Bebauungsplan festgesetzt ist.

(2) Friedhöfe müssen nach ihrer örtlichen Lage, ihrer Bodenbeschaffenheit und ihrer baulichen Gestaltung den gesundheitlichen und kulturellen Belangen der Bevölkerung sowie den Belangen des Umweltschutzes, insbesondere des Gewässerschutzes, Rechnung tragen. Sie müssen umfriedet und als Friedhöfe erkennbar sein.

(3) Vor der Entscheidung über das Anlegen und Erweitern von Friedhöfen ist ein bodenkundliches Sachverständigengutachten zur Einhaltung der Anforderungen des Abs. 2 einzuholen. Das Gutachten soll einen begründeten Vorschlag zur Dauer der Ruhefristen (§ 6 Abs. 2) enthalten.

(4) Auf größeren Friedhöfen soll in der Regel eine Leichenhalle vorgesehen werden.

§6 Grabstätten und Ruhefristen

(1) Grabstätten müssen so beschaffen sein, dass die menschliche Gesundheit durch die Verwesung nicht gefährdet werden kann.

(2) Die Fristen, in denen eine Grabstätte nicht erneut belegt werden darf (Ruhefristen), sind unter Berücksichtigung der Verwesungsdauer nach den im Einzelfall gegebenen Boden- und Grundwasserverhältnissen festzusetzen, betragen jedoch mindestens 15 Jahre.

(3) Nach Ablauf der Ruhefrist aufgefundene Gebeine (Überreste von Verstorbenen) und Urnen mit Aschen Verstorbener sind in geeigneter Weise innerhalb des Friedhofs zu bestatten.

§6a Verbot von Grabsteinen aus

ausbeuterischer Kinderarbeit

(1) Der Friedhofsträger kann durch Satzung bestimmen, dass Grabsteine und Grabeinfassungen aus Naturstein nur aufgestellt werden dürfen, wenn sie nachweislich ohne schlimmste Formen von Kinderarbeit im Sinne von Art. 3 des Übereinkommens Nr. 182 der Internationalen Arbeitsorganisation vom 17.

Juni 1999 über das Verbot und unverzügliche Maßnahmen zur Beseitigung der schlimmsten Formen der Kinderarbeit (BGBl. 2001 II S. 1291) hergestellt worden sind. Herstellung im Sinne dieser Vorschrift umfasst sämtliche Bearbeitungsschritte von der Gewinnung des Natursteins bis zum Endprodukt.

(2) Der Nachweis im Sinne von Abs. 1 Satz 1 kann erbracht werden durch

1. eine lückenlose Dokumentation, aus der sich ergibt, dass die Grabsteine oder Grabeinfassungen aus Naturstein ausschließlich in Mitgliedstaaten der Europäischen Union, weiteren Vertragsstaaten des Abkommens über den Europäischen Wirtschaftsraum oder der Schweiz hergestellt worden sind, oder

2. die schriftliche Erklärung einer Organisation, in der diese versichert, dass

   a. die Herstellung ohne schlimmste Formen von Kinderarbeit erfolgt ist,

   b. dies durch sachkundige und unabhängige Kontrolleure regelmäßig und unangemeldet vor Ort überprüft wird und

   c. sie selbst weder unmittelbar noch mittelbar an der Herstellung oder am Handel beteiligt ist, oder

3. soweit die Vorlage eines Nachweises nach Nr. 1 und 2 unzumutbar ist, die schriftliche Erklärung des Letztveräußerers, in der dieser

   a. versichert, dass ihm keine Anhaltspunkte dafür bekannt sind, dass die verwendeten Grabsteine oder

Grabeinfassungen aus Naturstein unter schlimmsten Formen von Kinderarbeit hergestellt worden sind, und

b. darlegt, welche Maßnahmen von ihm ergriffen wurden, um die Verwendung von nach Abs. 1 verbotenen Grabsteinen und Grabeinfassungen zu vermeiden.

(3) Eines Nachweises im Sinne des Abs. 1 Satz 1 bedarf es nicht, wenn der Letztveräußerer glaubhaft macht, dass die Grabsteine oder Grabeinfassungen aus Naturstein oder deren Rohmaterial vor dem 1. März 2019 in das Bundesgebiet eingeführt wurden.

§7 Schließung und Entwidmung der Friedhöfe

(1) Friedhöfe oder Friedhofsteile dürfen nach ihrer Schließung (Verbot weiterer Bestattungen) frühestens mit Ablauf sämtlicher Ruhefristen entwidmet und anderen Zwecken zugeführt werden.

(2) Schließung und Entwidmung sind öffentlich bekannt zu machen.

(3) Friedhöfe oder Friedhofsteile, die eine Kirche, Religions- oder Weltanschauungsgemeinschaft nach § 3 in eigener Verwaltung unterhält, ohne Eigentümerin des Friedhofsgrundstücks zu sein, dürfen nur mit deren Zustimmung anderen Zwecken zugeführt werden. Versagt sie ihre Zustimmung, so hat sie den Eigentümer für die hierdurch eintretenden Vermögensnachteile zu entschädigen.

(4) Die Entschädigung bemisst sich nach dem Betrag, der erforderlich ist, um ein anderes Grundstück entsprechend zu benutzen oder zu gebrauchen. Der Eigentümer kann anstelle der Entschädigung nach Satz 1 gegen Übertragung des Grundstückseigentums eine Entschädigung in Höhe des Verkehrswertes fordern, den das Grundstück hätte, wenn es anderen Zwecken zugeführt werden könnte. Die Entschädigungspflicht entfällt, soweit der Eigentümer aus einem besonderen Rechtsgrund verpflichtet ist, das Grundstück für den Friedhofszweck zur Verfügung zu stellen.

(5) Aus zwingenden Gründen des öffentlichen Interesses kann das Regierungspräsidium Kassel Friedhöfe oder Friedhofsteile nach Anhörung des Friedhofsträgers schließen und Umbettungen anordnen, ohne an Ruhefristen gebunden zu sein.

(6) Die Inhaberinnen oder Inhaber von Nutzungsrechten sind für Vermögensnachteile durch Maßnahmen nach Abs. 5 zu entschädigen. Entsprechendes gilt für Vermögensnachteile des Friedhofsträgers, soweit er nicht ohnehin zur Anlage oder Erweiterung von Friedhöfen verpflichtet ist. Zur Leistung der Entschädigung ist das Land oder, wenn durch die Maßnahmen eine Dritte oder ein Dritter begünstigt wird, die oder der Begünstigte verpflichtet. Abs. 4 gilt entsprechend.

§8 Errichtung und Betrieb von

Feuerbestattungsanlagen

(1) Feuerbestattungsanlagen müssen so beschaffen sein und so betrieben werden, dass keine Gefahren für die öffentliche Sicherheit und Ordnung, insbesondere für die Gesundheit und die Belange der Strafrechtspflege, zu befürchten sind und die Würde der Verstorbenen und das sittliche Empfinden der Allgemeinheit nicht verletzt werden.

(2) Für die Feuerbestattungsanlage muss eine Leichenhalle vorhanden sein, in der die Verstorbenen vor der Einäscherung untergebracht werden können.

(3) Feuerbestattungsanlagen sollen nur auf Friedhöfen oder auf Flächen errichtet werden, die im Bebauungsplan gesondert dafür ausgewiesen sind.

Zweiter Abschnitt | Bestattung

§9 Schutz der Gesundheit und der Totenruhe

(1) Leichen sind so zu behandeln, einzusargen, zu befördern und zu bestatten, dass die menschliche Gesundheit nicht gefährdet werden kann, keine Gefahren für die öffentliche Sicherheit und Ordnung, insbesondere für die Belange der Strafrechtspflege, zu befürchten sind, die Würde der Verstorbenen und das sittliche Empfinden der Allgemeinheit nicht verletzt werden und die Totenruhe nicht mehr als unumgänglich gestört wird. § 18 Abs. 2 Satz 1 bleibt unberührt.

(2) Leiche im Sinne dieses Gesetzes ist der Körper eines Menschen,

1. der sichere Zeichen des Todes (Totenstarre, Totenflecken, Fäulniserscheinungen) aufweist oder bei dem mit dem Leben unvereinbare Verletzungen oder der Hirntod festgestellt werden und

2. bei dem der körperliche Zusammenhang durch den Verwesungsprozess noch nicht völlig aufgehoben ist.

Leiche im Sinne dieses Gesetzes ist auch der Körper eines

1. neugeborenen Kindes, bei dem nach der Scheidung vom Mutterleib entweder das Herz geschlagen oder die Nabelschnur pulsiert oder die natürliche Lungenatmung eingesetzt

2. tot geborenen Kindes, das mit einem Geburtsgewicht von mindestens 500 Gramm oder nach der 24. Schwangerschaftswoche geboren wurde.

Leblose Teile eines menschlichen Körpers gelten als einer Leiche zugehörig, wenn ohne sie ein Weiterleben des Individuums unmöglich wäre.

§10 Leichenschau

(1) Vor der Bestattung muss eine Leichenschau durchgeführt werden (Erste Leichenschau). Leichenschau ist die durch eine Ärztin oder einen Arzt durchzuführende Untersuchung der verstorbenen Person zum Zwecke der Feststellung

1. des Todes,

2. des Todeszeitpunktes oder, falls dies nicht möglich ist, des Todeszeitraums oder des Auffindungszeitpunktes der Leiche,

3. der wahrscheinlichen Todesursache und

4. der Todesart (natürlicher Tod, nicht natürlicher Tod oder ungeklärt).

(2) Die Leichenschau ist unverzüglich vorzunehmen.

(3) Die vollständig entkleidete Leiche ist sorgfältig zu untersuchen; es sind dabei alle Körperregionen, einschließlich der Körperöffnungen, der Augenbindehäute, des Rückens und der behaarten Kopfhaut, zu untersuchen. Die Bekleidung ist an der verstorbenen Person zu belassen, sobald sich Anhaltspunkte für einen nicht natürlichen Tod ergeben.

(4) Die Leichenschau ist an dem Ort durchzuführen, an dem die verstorbene Person aufgefunden wurde; die Leiche soll vor der Leichenschau und während einer Unterbrechung der Leichenschau nicht verlagert werden. Dies gilt nicht, wenn die

Durchführung der Leichenschau an diesem Ort nicht angemessen, nicht zumutbar oder nicht möglich ist. Der Ärztin oder dem Arzt, die oder der die Leichenschau durchführt, ist das Betreten von Grundstücken und Räumen zur Durchführung der Leichenschau zu gestatten. Das Grundrecht auf Unverletzlichkeit der Wohnung (Art. 13 des Grundgesetzes, Art. 8 der Verfassung des Landes Hessen) wird insoweit eingeschränkt.

(5) Zur Leichenschau verpflichtet sind

1. auf Verlangen jede niedergelassene Ärztin und jeder niedergelassene Arzt und

2. Ärztinnen und Ärzte eines Krankenhauses oder sonstigen Anstalt für Sterbefälle in diesem Krankenhaus oder in dieser Anstalt.

Nimmt keine Ärztin oder kein Arzt nach Satz 1 die Leichenschau vor oder fordert das Gericht, die Staatsanwaltschaft oder eine Polizeidienststelle zur Leichenschau auf, ist diese von einer Ärztin oder einem Arzt des für den Auffindungsort zuständigen Gesundheitsamts durchzuführen.

(6) Sind Anhaltspunkte dafür vorhanden, dass der Tod in ursächlichem Zusammenhang mit einer ärztlichen Maßnahme eingetreten ist, darf die Ärztin oder der Arzt, die oder der diese Maßnahme veranlasst oder durchgeführt hat, die Leichenschau nicht durchführen.

(7) Im Rettungsdienst eingesetzte Notärztinnen und Notärzte sind während ihres Einsatzes nicht zur Vornahme der Leichenschau verpflichtet. Sie haben jedoch den Tod festzustellen und eine vorläufige Todesbescheinigung nach dem durch Rechtsverordnung nach § 28a festgelegten Vordruckmuster auszu-

stellen sowie unter den Voraussetzungen des § 11 eine Unterrichtung der Polizei oder der Staatsanwaltschaft zu veranlassen.

(8) Über die Leichenschau ist ein Leichenschauschein nach dem durch Rechtsverordnung nach § 28a festgelegten Vordruckmuster auszustellen; die Ausstellung darf erst erfolgen, wenn der Tod festgestellt worden ist. Der Leichenschauschein besteht aus einem nicht vertraulichen und einem vertraulichen Teil. Der vertrauliche Teil umfasst einen selbstdurchschreibenden Vordrucksatz mit insgesamt fünf Blättern, von denen eines für die Ärztin oder den Arzt, eines für das Statistische Landesamt, eines für den Fall der Zweiten Leichenschau und gegebenenfalls Obduktion sowie zwei für das Gesundheitsamt bestimmt sind. Das Blatt für das Statistische Landesamt darf nicht die Namen der verstorbenen Person und keine Angaben darüber, durch wen diese zuletzt behandelt wurde, enthalten. Der Leichenschauschein ist verschlossen einer nach § 13 sorgepflichtigen Person auszuhändigen. Der Leichenschauschein ist dem für die Beurkundung des Sterbefalls zuständigen Standesamt vorzulegen; der vertrauliche Teil wird von dort jeweils an die in Satz 2 und Abs. 9 Satz 2 genannten Stellen, der nicht vertrauliche Teil nach der Beurkundung des Sterbefalls an die Friedhofsverwaltung weitergeleitet. In den Fällen des § 159 Abs. 1 der Strafprozessordnung darf die Polizei, die Staatsanwaltschaft oder die Amtsrichterin oder der Amtsrichter den Leichenschauschein öffnen.

(9) Ist eine Feuerbestattung beabsichtigt, sind Todesursache und Todesart in einer weiteren Leichenschau (Zweite Leichenschau) zu überprüfen. Die Zweite Leichenschau ist durch eine Ärztin oder einen Arzt eines öffentlichen rechtsmedizinischen Instituts oder durch eine Ärztin oder einen Arzt, die oder der von der Leiterin oder dem Leiter eines öffentlichen rechtsmedizinischen Instituts beauftragt wurde, vorzunehmen. Ist die-

ses nicht möglich, ist die Zweite Leichenschau durch eine Ärztin oder einen Arzt des für den Ort der Einäscherung zuständigen Gesundheitsamts vorzunehmen. Die Person, welche die Erste Leichenschau durchgeführt hat, darf nicht die Zweite Leichenschau vornehmen. Über die Zweite Leichenschau ist eine Bescheinigung nach dem durch Rechtsverordnung nach § 28a festgelegten Vordruckmuster auszustellen. Lassen sich auch durch die Zweite Leichenschau Zweifel an der Todesart nicht beseitigen, ist nach § 11 zu verfahren.

(10) Eine Zweite Leichenschau ist auch durchzuführen, wenn die Leiche an einen Ort außerhalb der Bundesrepublik Deutschland befördert werden soll. Satz 1 gilt entsprechend im Fall einer Überführung in andere Länder der Bundesrepublik Deutschland zum Zwecke der Einäscherung, sofern dort eine Zweite Leichenschau im Sinne des Abs. 9 nicht vorgeschrieben ist.

(11) Angehörige, Hausgenossinnen und Hausgenossen, Personen, die die verstorbene Person gepflegt haben, Ärztinnen und Ärzte, die die verstorbene Person behandelt haben, und Personen, die beim Tod anwesend waren, sind auf Verlangen der Ärztin oder des Arztes, die oder der die Leichenschau durchführt, verpflichtet, die erforderlichen Auskünfte zu erteilen.

§11 Mitteilungspflichten bei einem nicht natürlichen Tod

(1) Ergeben sich vor oder bei der Leichenschau nach § 10 Anhaltspunkte dafür, dass der Tod durch

1. eine Selbsttötung,

2. einen Unfall oder

3. eine äußere Einwirkung, bei der ein Verhalten dritter Personen ursächlich gewesen sein kann,

eingetreten ist (nicht natürlicher Tod), so ist unverzüglich die Polizei oder die Staatsanwaltschaft zu benachrichtigen und darauf hinzuwirken, dass bis zu deren Eintreffen keine Veränderungen an der Leiche und deren Umgebung vorgenommen werden.

(2) Alle an der Leiche, an ihrer Lage oder am Auffindungsort vorgenommenen Veränderungen sind der Polizei oder Staatsanwaltschaft mitzuteilen. Kann deren Eintreffen nicht abgewartet werden, sind die eingetretenen und vorgenommenen Veränderungen sowie der Zustand der Leiche beim Verlassen des Auffindungsortes zu dokumentieren; dies kann auch elektronisch oder bildlich erfolgen.

(3) Abs. 1 und 2 gelten entsprechend bei

1. ungeklärter Todesart,

2. einer unbekannten Person oder wenn die Identität nicht sicher aufgeklärt werden kann,

3. einem Tod im amtlichen Gewahrsam,

4. einem Tod eines Kindes oder Jugendlichen, wenn keine den Tod zweifelsfrei erklärende Vorerkrankung vorliegt,

5. einem Tod mit fortgeschrittenen Leichenveränderungen,

6. einem Tod, bei dem der begründete Verdacht einer Fehlbehandlung erhoben wird,

7. einem Tod im institutionellen oder häuslichen Pflegebereich, ohne dass den Tod zweifelsfrei erklärende Vorerkrankungen vorliegen,

8. Auffälligkeiten in Bezug auf den Auffindungsort oder dessen Umgebung und

9. Hinweisen auf einen Tod durch Giftstoffe, Drogen oder Medikamentenmissbrauch.

§12 Schutzmaßnahmen bei Ansteckungsgefahr

(1) Bestehen Anhaltspunkte dafür, dass die verstorbene Person im Zeitpunkt ihres Todes mit einer nach § 6 Abs. 1 Satz 1 und Abs. 2 Satz 1 des Infektionsschutzgesetzes vom 20. Juli 2000 (BGBl. I S. 1045), zuletzt geändert durch Gesetz vom 17. Juli 2017 (BGBl. I S. 2615), genannten Krankheiten oder mit einer anderen ähnlich schweren, übertragbaren Krankheit infiziert war, hat die oder der die Leichenschau durchführende Ärztin oder Arzt

1. unverzüglich das örtliche Gesundheitsamt zu benachrichtigen,

2. die Leiche zu kennzeichnen und

3. die erforderlichen vorläufigen Schutzmaßnahmen zu treffen.

(2) In den Fällen des § 10 Abs. 7 gilt für Notärztinnen und Notärzte Abs. 1 entsprechend. Diese genügen ihrer Benachrichtigungspflicht auch, wenn sie diese über die Rettungsleitstelle veranlassen.

§13 Sorgepflichtige Personen

(1) Die Angehörigen der verstorbenen Person sind verpflichtet, umgehend die zum Schutz der Gesundheit und der Totenruhe erforderlichen Sorgemaßnahmen (§ 9 Abs. 1) sowie die Leichenschau (§ 10) zu veranlassen.

(2) Angehörige im Sinne dieses Gesetzes sind der Ehegatte oder der Lebenspartner nach dem Lebenspartnerschaftsgesetz vom 16. Februar 2001 (BGBl. I S. 266), zuletzt geändert durch Gesetz vom 20. Juli 2017 (BGBl. I S. 2787), sowie Kinder, Eltern, Großeltern, Enkel und Geschwister, Adoptiveltern und -kinder.

(3) Hat die verstorbene Person im Zeitpunkt ihres Todes in einem Krankenhaus, einem Heim, einer Sammelunterkunft, einer Pflege- oder Gefangenenanstalt oder einer ähnlichen Einrichtung gelebt und sind Angehörige innerhalb der für die Bestattung bestimmten Zeit nicht aufzufinden, sind auch die Leiterin oder der Leiter dieser Einrichtung oder deren Beauftragte verpflichtet, die Maßnahmen nach Abs. 1 zu veranlassen.

(4) Sind weder Angehörige noch Personen nach Abs. 3 vorhanden oder in der Lage, Sorgemaßnahmen zu veranlassen, so hat

der örtlich zuständige Gemeindevorstand die nach Abs. 1 erforderlichen Maßnahmen zu veranlassen.

(5) Kommen die in Abs. 2 und 3 genannten Personen ihrer Verpflichtung nicht oder nicht rechtzeitig nach, gilt § 8 des Hessischen Gesetzes über die öffentliche Sicherheit und Ordnung.

§14 Bestattungsart

(1) Die Bestattungsart richtet sich nach dem Willen der verstorbenen Person.

(2) Ist der Wille der verstorbenen Person über die Bestattungsart nicht bekannt, so haben die Angehörigen (§ 13 Abs. 2), soweit sie geschäftsfähig sind, diese zu bestimmen. Als Angehörige im Sinne dieser Bestimmung gelten auch die oder der Verlobte.

(3) Bestehen unter den Angehörigen Meinungsverschiedenheiten über die Bestattungsart, so geht der Wille des Ehegatten oder des Lebenspartners nach dem Lebenspartnerschaftsgesetz demjenigen der Verwandten, der Wille der Kinder dem der übrigen Verwandten, der Wille näherer Verwandten dem der entfernteren Verwandten oder der oder des Verlobten vor.

(4) Bei Meinungsverschiedenheiten unter Angehörigen gleichen Grades, bei Verstorbenen ohne Angehörige und in den Fällen des § 13 Abs. 3 bis 5 entscheidet der Gemeindevorstand des Sterbeorts unter Berücksichtigung der Umstände des Falles über die Bestattungsart.

§15 Beschaffenheit der Särge

Für die Aufbewahrung in einer Leichenhalle und die Beförderung der Leiche ist ein fester, gut abgedichteter Sarg zu benutzen. Für die Beförderung einer Leiche kann auch ein gut abgedichteter Transportsarg oder Leichensack benutzt werden. Bei der polizeilichen Bergung von Leichen ist zudem ein spurensicherer Transport zu gewährleisten.

§16 Bestattungsfristen

(1) Leichen sind frühestens 48 Stunden und nicht später als 96 Stunden nach dem Eintritt des Todes zu bestatten. In Gemeinden, in denen an Sonnabenden, an Sonn- oder Feiertagen eine Bestattung nicht durchgeführt wird, bleiben diese Tage bei der Berechnung der Höchstfrist außer Ansatz, sofern nicht der Gemeindevorstand eine frühere Bestattung anordnet. Die Höchstfrist kann überschritten werden, wenn durch technische Vorkehrungen sichergestellt ist, dass gegen die spätere Bestattung keine gesundheitlichen Bedenken bestehen. Sie gilt nicht für Leichen, die einer Leichenöffnung unterzogen werden. Urnen sind innerhalb von neun Wochen nach der Einäscherung beizusetzen.

(2) Der Gemeindevorstand kann - in der Regel nach Anhörung des Gesundheitsamts - eine vorzeitige Bestattung anordnen, wenn

1. die verstorbene Person an einer in § 12 Abs. 1 aufgeführten Krankheit litt oder der Verdacht einer solchen Krankheit besteht,

2. der Todesfall in dem Verbreitungsgebiet einer in epidemischer Form aufgetretenen Krankheit im Sinne der Nr. 1 eingetreten ist oder

3. die Verwesung der Leiche so weit fortgeschritten ist, dass die Bestattung mit Rücksicht auf gesundheitliche Erfordernisse nicht länger hinausgeschoben werden kann.

Der Gemeindevorstand kann ferner eine vorzeitige Bestattung zulassen, wenn die Verwesung der Leiche so weit fortgeschritten ist, dass ein Scheintod nicht mehr in Betracht kommen kann und dies von einem Arzt schriftlich bestätigt worden ist.

(3) Die Fristen des Abs. 1 gelten auch, wenn eine Angehörige oder ein Angehöriger die Bestattung eines tot geborenen Kindes, das nicht unter die Regelung des § 9 Abs. 2 Satz 2 Nr. 2 fällt, eines Fötus oder eines Embryos veranlasst.

(4) Die Bestattungsfrist kann verkürzt werden, wenn Glaubensregelungen dies verlangen und die Voraussetzungen des Abs. 2 Satz 2 vorliegen.

§17 Benutzung von Leichenhallen

(1) Steht eine öffentliche Leichenhalle zur Verfügung, so ist die Leiche spätestens 36 Stunden nach Eintritt des Todes, jedoch nicht vor Ausstellung des Leichenschauscheins oder einer Todesbescheinigung in die Leichenhalle zu bringen. Als öffentliche Leichenhallen gelten die Leichenhallen von Friedhöfen, Feuerbestattungsanlagen, Krankenhäusern, Bestattungsunternehmen und Pathologischen sowie Rechtsmedizinischen Instituten.

(2) Der Gemeindevorstand kann auf Antrag einer oder eines Angehörigen Ausnahmen von Abs. 1 zulassen, wenn durch ärztliches Zeugnis bescheinigt wird, dass gegen den Verbleib der Leiche im Sterbehaus keine gesundheitlichen Bedenken

bestehen, und die Leiche in einem Raum untergebracht wird, der nicht zur gleichen Zeit als Wohn-, Schlaf-, Arbeits- oder Werkraum benutzt wird.

§18 Bestattungsfeierlichkeiten

(1) Leichen dürfen nicht öffentlich ausgestellt werden; der Sarg darf aus Anlass der Bestattungsfeierlichkeiten nicht geöffnet werden.

(2) Der Gemeindevorstand kann nach Anhörung des Gesundheitsamts Ausnahmen von Abs. 1 und aus religiösen Gründen die Bestattung ohne Sarg gestatten. In den in § 12 Abs. 1 bezeichneten Fällen ist eine Ausnahme nicht zulässig.

§19 Erdbestattung

(1) Eine Bestattung ist erst zulässig, wenn folgende Unterlagen vorgelegt werden:

1. ein Leichenschauschein,

2. die amtliche Sterbeurkunde oder eine Bescheinigung über die Rückstellung der Beurkundung,

3. erforderlichenfalls eine gerichtliche oder staatsanwaltschaftliche Erlaubnis zur Bestattung.

(2) In den Fällen des § 16 Abs. 3 ist die Vorlage der in Abs. 1 genannten Unterlagen nicht erforderlich. In diesen Fällen ist auch eine gemeinschaftliche Bestattung zulässig.

§20 Feuerbestattung

(1) Eine Feuerbestattung ist erst zulässig, wenn folgende Unterlagen vorgelegt werden:

1. eine Bescheinigung über die Zweite Leichenschau nach § 10 Abs. 9 Satz 5 und

2. die amtliche Sterbeurkunde oder eine Bescheinigung über die Rückstellung der Beurkundung.

(2) Die Genehmigung nach § 159 Abs. 2 der Strafprozessordnung ersetzt die Bescheinigung nach Abs. 1 Nr. 1.

(3) Die Aschenreste jeder Leiche sind in ein amtlich zu verschließendes Behältnis aufzunehmen und in einer Urnenhalle, einem Urnenhain, einer Urnenwand, einer Urnengrabstelle oder in einem Grab beizusetzen oder zur Beisetzung an eine Friedhofsverwaltung zu versenden. Das Behältnis darf an Angehörige nicht ausgehändigt werden. Ausnahmen von Satz 1 können in besonderen Fällen vom Regierungspräsidium Kassel zugelassen werden.

(4) § 19 Abs. 2 gilt entsprechend.

§21 Seebestattung

Die Seebestattung einer Urne ist in Küstengewässern nach dem Recht der Küstenländer, auf Hoher See nach den dort geltenden Rechtsvorschriften zulässig.

§22 Leichenpass

(1) Leichen dürfen in Orte außerhalb der Bundesrepublik Deutschland nur mit einem Leichenpass entsprechend dem durch Rechtsverordnung nach § 28a festgelegten Vordruckmuster befördert werden.

(2) Abs. 1 gilt entsprechend für Überführungen in andere Länder der Bundesrepublik Deutschland, wenn deren Rechtsvorschriften für die Beförderung oder Bestattung der Leiche einen Leichenpass verlangen.

(3) Zuständig für die Erteilung des Leichenpasses ist der Gemeindevorstand des Sterbeorts. Er darf den Leichenpass ausstellen, wenn

1. die Bescheinigung über die Zweite Leichenschau nach § 10 Abs. 9,

2. in den Fällen des § 12 Abs. 1 die schriftliche Erklärung einer Ärztin oder eines Arztes des Gesundheitsamtes, dass der Beförderung keine gesundheitlichen Bedenken entgegenstehen,

3. die Unterlagen nach § 19 Abs. 1 und

4. die schriftliche Erklärung des Bestattungsunternehmers, dass die Leiche entsprechend § 15 eingesargt ist und mit einem zur Leichenbeförderung bestimmten Fahrzeug nach § 25 befördert wird,

vorliegen. Bei ortsansässigen Bestattungsunternehmen, die ständig mit der Durchführung betraut sind, genügt eine allgemeine Erklärung nach Satz 2 Nr. 4.

§23 Überführung

(1) Die Leiche ist bei der Überführung von einer Person zu begleiten, die dafür zu sorgen hat, dass

1. im Falle der Überführung von Leichen, die nicht im Gemeindegebiet des Sterbeorts bestattet werden, die für die Bestattung erforderlichen Unterlagen (§§ 19 oder 20) mitgeführt werden,

2. in den Fällen des § 12 Abs. 1 die schriftliche Erklärung einer Ärztin oder eines Arztes des Gesundheitsamtes mitgeführt wird, dass der Beförderung keine gesundheitlichen Bedenken entgegenstehen,

3. die schriftliche Erklärung des Bestattungsunternehmers mitgeführt wird, dass die Leiche den Vorschriften dieses Gesetzes entsprechend eingesargt wurde (§ 15) und das zur Überführung benutzte Fahrzeug zur Leichenbeförderung bestimmt ist (§ 25); bei ortsansässigen Bestattungsunternehmen, die ständig mit der Durchführung von Bestattungen betraut sind, genügt eine allgemeine Erklärung dieses Inhalts,

4. der Sarg während der Überführung verschlossen bleibt,

5. die Überführung möglichst ohne Unterbrechung bis zum Bestimmungsort durchgeführt wird,

6. der Sarg nicht ohne triftigen Grund von dem Fahrzeug, auf dem er befördert wird, herabgenommen wird,

7. das Fahrzeug bei einem unvermeidlichen Aufenthalt unverzüglich auf einem abgesonderten Platz abgestellt wird,

8. der Sarg am Bestimmungsort unmittelbar nach der Ankunft zu der Bestattungsstelle oder in eine Leichenhalle verbracht wird.

Wird ein Leichenpass mitgeführt, so sind Nr. 1 bis 3 nicht anzuwenden.

(2) Als Begleitperson nach Abs. 1 kann auch die Fahrerin oder der Fahrer des Fahrzeugs, mit dem der Sarg befördert wird, eingesetzt werden.

(3) Unternehmen, die Leichen gewerbsmäßig oder berufsmäßig überführen, sind verpflichtet, Überführungen in andere Gemeinden unverzüglich in ein Verzeichnis einzutragen. Dabei sind Namen, Geburtsdatum und Todestag der verstorbenen Person sowie Ausgangspunkt und Zielort der Überführung anzugeben. Die mit der Durchführung dieses Gesetzes befassten Behörden sind befugt, aus dem Verzeichnis Auskünfte über jede Überführung zu verlangen oder sich das Verzeichnis vorlegen zu lassen. Das Verzeichnis ist so lange aufzubewahren, dass aus ihm Auskünfte über die Überführungen innerhalb der letzten fünf Jahre erteilt werden können.

§24 Überführung in Sonderfällen

Wird eine Leiche

1. auf den Friedhof einer angrenzenden Gemeinde,

2. auf den nächstgelegenen kirchlichen Friedhof der Religions- oder Konfessionsangehörigkeit des Verstorbenen innerhalb eines Landkreises,

3. aus einem Krankenhaus oder einer ähnlichen Einrichtung auf den Friedhof der Wohnsitzgemeinde des Verstorbenen innerhalb eines Landkreises,

4. aus einem Krankenhaus oder einer ähnlichen Einrichtung zu wissenschaftlichen Zwecken in ein medizinisches Institut gebracht oder

5. auf polizeiliche, staatsanwaltschaftliche oder gerichtliche Anordnung vom Sterbe- oder Auffindungsort entfernt,

so ist § 23 Abs. 1 Nr. 1 bis 3 , bei Überführungen nach Nr. 4 und 5 auch § 23 Abs. 1 Nr. 8 nicht anzuwenden.

§25 Beförderung mit Kraftwagen

(1) Zur Leichenbeförderung sind nur solche Personenkraftwagen zu benutzen, die hierfür eingerichtet sind und nur zu diesem Zweck verwendet werden. Auf die Entfernung einer im Freien aufgefundenen Leiche oder der Leiche einer oder eines tödlich Verunglückten vom Unfallort oder auf die Weiterbeförderung einer oder eines in einem Rettungswagen Verstorbenen findet Satz 1 keine Anwendung.

(2) Ausnahmen von Abs. 1 Satz 1 bedürfen der Genehmigung des Gemeindevorstands des Sterbeorts. Ausnahmen sind nicht zulässig, wenn der Kraftwagen ständig oder gelegentlich zur Beförderung von Personen, Lebensmitteln oder Tieren dient.

§26 Umbettung

(1) Leichen dürfen nur zum Zweck der Umbettung oder auf polizeiliche, staatsanwaltschaftliche oder gerichtliche Anordnung

vor Ablauf der Ruhefristen aus der Grabstätte entfernt werden.

(2) Die Umbettung bedarf der Erlaubnis des Gemeindevorstands des Bestattungsorts im Einvernehmen mit dem Gesundheitsamt. Die Erlaubnis darf nur erteilt werden, wenn besondere Gründe das öffentliche Interesse an der Wahrung der Totenruhe deutlich überwiegen. Der Gemeindevorstand kann im Einvernehmen mit dem Gesundheitsamt nähere Bestimmungen darüber treffen, wie die Umbettung durchzuführen ist. Für die Umbettung einer Urne bedarf es abweichend von Satz 1 des Einvernehmens mit dem Gesundheitsamt nicht.

(3) Urnen können auf Antrag des nächsten Angehörigen, im Einverständnis etwaiger weiterer Angehöriger, aus besonderen Gründen an eine andere Friedhofsverwaltung zur Beisetzung übersandt werden. Die gegenüber der bisherigen Friedhofsverwaltung bestehenden Pflichten werden dadurch nicht aufgehoben.

§27 Verhältnis zu anderen Vorschriften

Durch dieses Gesetz werden Richtlinien über den internationalen Leichentransport, Vereinbarungen mit anderen Staaten sowie die Bestimmungen über die Beförderung von Leichen auf Eisenbahnen, auf dem Seewege, auf Binnenwasserstrassen oder auf dem Luftwege nicht berührt.

§28 Übertragung der Befugnisse

des Gemeindevorstands

Soweit in diesem Abschnitt Entscheidungen des Gemeindevorstands in Einzelfällen vorgesehen sind, kann der Gemeindevorstand eine andere geeignete Einrichtung beauftragen, diese Entscheidungen an seiner Stelle und nach seinen Vorgaben zu treffen.

§28a Ermächtigung zum Erlass

von Rechtsverordnungen

Die für die öffentliche Sicherheit und Ordnung zuständige Ministerin oder der hierfür zuständige Minister wird ermächtigt, durch Rechtsverordnung die Vordruckmuster nach § 10 Abs. 7 Satz 2, Abs. 8 Satz 1, Abs. 9 Satz 5 und § 22 Abs. 1 zu bestimmen.

§29 Ordnungswidrigkeiten

(1) Ordnungswidrig handelt, wer vorsätzlich oder fahrlässig

1. die Leiche entgegen § 10 Abs. 4 Satz 1 verändert oder verlagert,

2. seine Auskunftspflicht nach § 10 Abs. 11 nicht erfüllt,

3. als Ärztin oder Arzt entgegen § 10 Abs. 3 Satz 1 die Leichenschau nicht sorgfältig an der oder dem vollständig entkleideten Verstorbenen durchführt,

4. als Angehöriger nach § 13 Abs. 2 oder als Verpflichteter nach § 13 Abs. 3 die zum Schutze der Gesundheit und der Totenruhe erforderlichen Sorgemaßnahmen nach § 9 Abs. 1 sowie die Leichenschau nach § 10 nicht unverzüglich veranlasst,

5. eine Feuerbestattung zulässt, ohne dass die nach § 20 erforderlichen Unterlagen vorgelegt wurden,

6. den Regelungen des § 12 , § 15 , § 16 Abs. 1 , § 17 Abs. 1 , § 18 Abs. 1 , § 20 Abs. 3 Satz 1 und 2 , § 22 Abs. 1 , § 23 Abs. 1 und 3 , § 25 Abs. 1 Satz 1 oder § 26 Abs. 1 zuwiderhandelt.

(2) Verwaltungsbehörde im Sinne des § 36 Abs. 1 Nr. 1 des Gesetzes über Ordnungswidrigkeiten in der Fassung der Bekanntmachung vom 19. Februar 1987 (BGBl. I S. 603), zuletzt geändert durch Gesetz vom 27. August 2017 (BGBl. I S. 3295), ist in kreisfreien Städten der Magistrat, im Übrigen der Landrat.

Dritter Abschnitt | Datenübermittlung

§29a Übermittlung von Sterbefalldaten

(1) Die Standesämter übermitteln den Gesundheitsämtern folgende beurkundete Daten inländischer Sterbefälle:

1. Name des Standesamts,

2. Sterberegisternummer,

3. Familienname,

4. Geburtsname,

5. Vornamen,

6. letzter Wohnsitz,

7. Geburtsdatum,

8. Geburtsort,

9. Geschlecht,

10. Todestag und -zeit oder Todeszeitraum und

11. Sterbeort (Straße, Hausnummer, Ort, Kreis).

(2) Die Übermittlungen erfolgen elektronisch, soweit die technischen Voraussetzungen hierfür geschaffen sind. Für die elektronische Übermittlung der Daten gilt § 63 Abs. 3 und 4 der Personenstandsverordnung vom 22. November 2008 (BGBl. I S. 2263), zuletzt geändert durch Gesetz vom 17. Juli 2017 (BGBl. I S. 2522).

(3) Die Gesundheitsämter übermitteln dem Hessischen Statistischen Landesamt mindestens monatlich unter Angabe der jeweiligen Sterberegisternummer die Angaben zu den Todesursachen und -umständen auf den Leichenschauscheinen. Die Übermittlungen erfolgen elektronisch, soweit die technischen Voraussetzungen hierfür geschaffen sind. Bei der elektronischen Übermittlung ist ein dem Stand der Technik entsprechendes Verschlüsselungsverfahren zu verwenden; daneben hat die Datenübermittlung in der erforderlichen Qualität nach Maßgabe der in der öffentlichen Verwaltung verwendeten offenen Standards zu erfolgen. Nach Aufforderung des Hessischen Statistischen Landesamtes bessern die Gesundheitsämter fehlerhaft erfasste Angaben nach. Zur Qualitätssicherung erfolgt neben der elektronischen Datenübermittlung monatlich der Versand des für das Hessische Statistische Landesamt vorgesehenen Blattes des Leichenschauscheins auf dem Postweg.

§29b Übermittlung bei berechtigtem Interesse und zu wissenschaftlicher Forschung

Das Gesundheitsamt kann auf Antrag im erforderlichen Umfang Auskünfte aus dem Leichenschauschein erteilen, Einsicht gewähren oder Ablichtungen davon aushändigen, wenn

1. die antragstellende Person ein berechtigtes Interesse glaubhaft macht und kein Grund zu der Annahme besteht, dass durch die Offenlegung schutzwürdige Belange der oder des Verstorbenen oder der Hinterbliebenen beeinträchtigt werden, oder

2. die antragstellende Person die Angaben für ein wissenschaftliches Forschungsvorhaben benötigt und

a) die verstorbene oder die bestattungspflichtige Person der Datenverarbeitung zugestimmt hat oder

b) das öffentliche Interesse an dem Forschungsvorhaben das Geheimhaltungsinteresse der oder des Verstorbenen und der Angehörigen erheblich überwiegt und der Zweck der Forschung nicht auf andere Weise oder nur mit unverhältnismäßigem Aufwand erreicht werden kann

und unverzüglich nachdem es der Forschungszweck gestattet, durch Anonymisierung oder Pseudonymisierung sichergestellt wird, dass schutzwürdige Belange der oder des Verstorbenen nicht beeinträchtigt werden.

Vierter Abschnitt | Übergangs- und Schlussvorschriften

§30 Friedhöfe des kurhessischen Rechtskreises

Die nach kurhessischem Gewohnheitsrecht begründeten Verwaltungs- und Nutzungsrechte der Kirchen an den bis zum 1. April 1965 angelegten Friedhöfen der Gemeinden bleiben unberührt.

§31 Aufhebung von Vorschriften

Es wird aufgehoben

1. das Gesetz über das Friedhofs- und Bestattungswesen vom 17. Dezember 1964 (GVBl. I S. 225), zuletzt geändert durch Gesetz vom 4. November 1987 (GVBl. I S. 193),

2. das Gesetz über die Feuerbestattung vom 15. Mai 1934 (RGBl. I S. 380), zuletzt geändert durch Gesetz vom 20. Juni 2002 (GVBl. I S. 342),

3. die Verordnung über das Leichenwesen vom 12. März 1965 (GVBl. I S. 63), zuletzt geändert durch Verordnung vom 15. April 1996 (GVBl. I S. 138),

4. die Verordnung zur Durchführung des Feuerbestattungsgesetzes vom 10. August 1938 (RGBl. I S. 1000), geändert durch Verordnung vom 13. September 1977 (GVBl. I S. 360).

§32 Inkrafttreten, Außerkrafttreten

Dieses Gesetz tritt zwei Monate nach seiner Verkündung in Kraft und mit Ablauf des 31. Dezember 2025 außer Kraft.

Die verfassungsmäßigen Rechte der Landesregierung sind gewahrt.

Das vorstehende Gesetz wird hiermit verkündet.

Wiesbaden, den 5. Juli 2007

Der Hessische Ministerpräsident
Koch

Der Hessische Minister des Innern und für Sport
Bouffier

Anlagen

Anlagen 1, 2, 3, 4, 5, 6

Aufgehoben.

Siehe Portal Hessenrecht

https://www.rv.hessenrecht.hessen.de

Persönliche Notizen